AF266182

AVIS IMPORTANT

POUR LA MARINE FRANÇAISE

ET LA MARINE ÉTRANGÈRE.

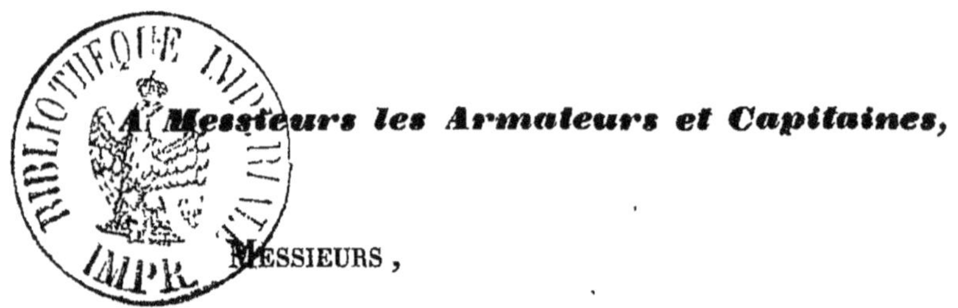

A Messieurs les Armateurs et Capitaines,

MESSIEURS ,

Je crois utile de recommander à toute votre attention la présente notice qui traite d'un sujet offrant un sérieux intérêt pour vous.

Les mauvaises chances de la navigation sont de deux ordres : — Les risques de mer, d'abord, dont je n'ai point à m'occuper ici et contre lesquels on peut d'ailleurs se prémunir en partie par les assurances; puis les maladies et la mortalité sur les équipages, causes funestes aux armements en diminuant la rapidité des voyages et en décimant une population d'hommes utiles au commerce maritime en même temps qu'au pays.

Des traversées et des séjours sous des climats dangereux pour les Européens et dans les pays malsains où règnent des miasmes pestilentiels, générateurs de la fièvre jaune, du choléra et de la dyssenterie, joints à l'absence de précautions préservatrices et de moyens curatifs suffisants, tels sont les principes de ces causes si nuisibles aux opérations maritimes.

Se borner à signaler le mal serait une puérilité, et c'est un but plus élevé que je me propose, en démontrant et en prouvant qu'il est possible de le combattre. Ma conviction à cet égard est profonde, et je puis avancer qu'en restant d'accord avec les prescriptions de la science et en dehors de tout moyen empirique, il est possible par l'application et l'usage des produits spéciaux que j'offre à la marine, de diminuer beaucoup sinon de faire disparaître complètement cet élément si désastreux à la navigation.

Cette conviction, basée sur trente années d'observations et de travaux préparatoires, doit écarter de moi toute hésitation à parler de moyens qui intéressent si vivement l'humanité, car l'intérêt particulier s'efface tout à fait ici devant l'intérêt général.

Je ne saurais vouloir pénétrer de prime abord ceux qui liront ces lignes, de la vérité de ce que j'avance, car trop souvent la bonne foi publique a été trompée et elle doit se mettre en garde contre toute surprise ; cependant des titres officiels émanant d'hommes éclairés, de médecins et surtout d'armateurs et de capitaines qui ont fait usage de mes produits dans leurs voyages, et une MENTION HONORABLE reçue à l'Exposition universelle de 1855, sont des témoignages qui ne sauraient passer inaperçus : ils appellent l'attention et méritent la confiance de ceux qui jugent les choses sainement et avec impartialité.

A côté de ces témoignages flatteurs se placent d'ailleurs des faits authentiques se renouvelant chaque jour, et dont vous pouvez, Messieurs, vous rendre compte facilement, puisque c'est pour ainsi dire sous vos yeux qu'ils ont lieu.

Le transport des émigrants par navires américains partant du Havre, nécessite des précautions hygiéniques particulières, et l'usage des chlores est prescrit à bord de ces bâtiments par les réglements de l'UNION. Or, depuis plus de dix ans, ce sont mes produits (Chlore gazeux concentré) qui sont employés à bord de ces navires, et c'est là la meilleure preuve de leur efficacité.

Le désir d'être utile à l'humanité ne serait qu'un vain prétexte s'il n'était appuyé sur un véritable désintéressement, et il ne suffit pas d'annoncer une chose bonne, indispensable même et pouvant, dans une foule de circonstances, rendre a ceux qui l'emploient de ces services qui ne se paient pas, mais encore faut-il assigner à cette chose une valeur modérée qui en facilite l'usage. C'est ce que j'ai compris en cotant mes produits à un prix très-modique qui permet d'en joindre une certaine quantité à tous les armements.

En agissant ainsi, j'ai la conviction, Messieurs, que vous comprendrez la pensée qui m'anime et que vous favoriserez mes intentions en adoptant pour vos navires l'usage de mon Chlore. C'est particulièrement à MM. les armateurs que ce soin ou ce devoir incombe, car dans les opérations maritimes ils n'ont que leurs intérêts engagés, tandis que les capitaines et leurs équipages courent les chances de mortalité et de maladie inhérentes à la navigation sous des latitudes ravagées par des épidémies.

Le produit que je recommande ici, connu aujourd'hui dans le commerce maritime sous le nom de CHLORE GAZEUX CONCENTRÉ HELLARD, n'est pas une de ces soi-disant panacées universelles, applicables à tous les maux, et abritant son inutilité sous une étiquette pompeuse et mensongère ; c'est un composé rentrant dans les produits chimiques reconnus, mais fabriqué dans des conditions particulières, et ayant de toutes autres qualités que les chlorures de chaux du coffre à médicaments. Uni à certains corps, il leur emprunte des propriétés spéciales qui font sa supériorité, laquelle a été reconnue par l'analyse des savants et des experts de la commission de l'Exposition universelle.

Je dois ajouter que loin de redouter l'épreuve de la science et l'opinion consciencieuse des hommes de l'art, j'appelle sincèrement l'une et l'autre, car c'est en m'appuyant sur le concours éclairé des médecins que je présente mes produits, et, c'est sous leurs auspices que je les place. S'ils sont en effet, dans beaucoup de cas, l'auxiliaire efficace de la médecine, ils n'ont rien de commun avec les systèmes aptes, suivant leurs auteurs, à remplacer le praticien et à détrôner la thérapeutique.

Plus loin, Messieurs, vous trouverez des pièces qui vous

fixeront mieux que de longs détails scientifiques, sur les cas divers dans lesquels mon composé s'emploie. Je n'ai donc plus, après les observations qui précèdent, qu'à me résumer.

L'assurance sur les navires et sur les marchandises est depuis longtemps dans les habitudes du commerce maritime, et bien peu d'armateurs hésitent à recourir à cette sécurité, assez onéreuse cependant. Or, lorsqu'un moyen efficace est offert aujourd'hui de prévenir et de combattre les fâcheuses conséquences de la mortalité et de la maladie sur les équipages, serait-il sage de le dédaigner et de reculer devant une insignifiante dépense ? serait-il prudent de ne pas faire très-économiquement pour les hommes ce que l'on fait à grands frais pour les marchandises ? J'en appelle ici à la conscience des armateurs et des capitaines.

J'ai l'honneur d'être, Messieurs,

Votre respectueux serviteur,

G. HELLARD,

Chimiste à Montivilliers.

P.-S. — Les vérités les plus incontestables ont toujours trouvé des contradicteurs, et je ne dois pas être étonné si je me heurte parfois à des esprits sceptiques qui aiment mieux nier qu'essayer, et qui croient plus utile d'argumenter que de recourir à des épreuves loyales et consciencieuses. Lutter contre le mauvais vouloir et contre le parti pris est une tâche que je ne veux pas entreprendre, car ce serait perdre mon temps ; mais je crois devoir recommander particulièrement aux personnes qui, avant de croire, voudront juger par expérience, de bien observer les indications qui accompagnent chaque panier, car il arrive trop souvent, et j'en ai des exemples, qu'on n'apprécie pas suffisamment les qualités d'un produit parce que l'on n'a fait que très-imparfaitement ce qu'il fallait pour cela. Pour guérir un malade il ne suffit pas d'avoir une ordonnance dans un tiroir, mais il faut l'exécuter. Ce simple précepte est applicable à un grand nombre de cas et particulièrement à celui qui regarde mon produit.

DOCUMENTS ET CERTIFICATS

RELATIFS AU CHLORE CONCENTRÉ GAZEUX

De M. Germain HELLARD, de Montivilliers.

———

Je soussigné, docteur en médecine,-médecin-adjoint de l'Hôpital du Havre, certifie avoir quelquefois employé le *Chlore gazeux concentré* de M. Germain Hellard, de Montivilliers, et avoir reconnu que ce produit, par sa nature spéciale et son genre de concentration, pouvait donner d'excellents résultats tant en hygiène publique et privée que par son application dans certains cas de médecine.

J'ai constaté que ce *Chlore* avait son application particulière : 1° comme puissant désinfectant ; 2° comme modificateur énergique des plaies de mauvais caractère ; 3° comme stimulant spécifique de la peau et de certaines muqueuses, soit administré en lavage, en bains ou en gargarisme (plus ou moins étendu d'eau).

Je recommande surtout cette préparation dans les affections scorbutiques, dans la cachexie générale et dans les fièvres putrides typhoïdes.

Je puis avancer, d'après mes résultats, que ce produit pourrait rendre de grands services, s'il était employé dans la marine ou dans les camps.

Havre, 15 juin 1856.

E. FALIZE, Docteur.

Vu par nous, Maire de la Ville du Havre, pour la légalisation de la signature apposée ci-dessus.

En l'Hôtel-de-Ville du Havre, le 22 Janvier 1856.

Ed. LARUE.

———

Je soussigné, docteur en médecine et médecin aide-major de 1re classe au 29e régiment de ligne, au Havre, certifie avoir employé avec avantage le *Chlore concentré* préparé par M. Hellard, et atteste que j'ai trouvé en lui un puissant désinfectant dans certaines épidémies de maladies infectieuses (la rougeole par exemple) ; de plus qu'on peut en tirer d'utiles résultats contre la gale à son début. Mes propres observations à cet égard me font un devoir d'établir le présent certificat.

Havre, 11 Janvier 1856.

Le médecin aide-major du 29e de ligne,

SIMON.

Vu par nous, Maire de la Ville du Havre, pour légalisation de la signature ci-dessus.

En l'Hôtel-de-Ville du Havre, le 22 Janvier 1856.

Ed. LARUE.

Je soussigné, docteur en médecine, certifie avoir employé le *Chlore concentré* de Monsieur Germain Hellard, de Montivilliers, dans plusieurs affections, particulièrement dans le rhumatisme articulaire chronique. Je me suis bien trouvé de cet usage.

Je pense que l'emploi de cette préparation peut être utilisé très avantageusement dans l'hygiène privée ou publique.

Montivilliers, 4 septembre 1856.

DUCASTEL, Docteur.

Nous certifions par le présent, que nous avons fait usage, à bord de nos navires, partis pour la pêche de la baleine en 1851 et revenus dans le courant de l'été dernier, du *Chlore gazeux concentré* de M. Germain Hellard, de Montivilliers. Nos capitaines ont trouvé que ce chorure a donné d'excellents résultats pour la santé de leurs équipages, principalement comme désinfectant et comme moyen de guérison contre le scorbut.

En foi de quoi nous lui délivrons le présent pour servir à quoi de raison.

Havre, le 5 Janvier 1853.

WINSLOW et C°
Armateurs au Havre.

Vu par nous, Maire de la Ville du Havre, pour la légalisation de la signature apposée ci-dessus.

En l'Hôtel-de-Ville du Havre, le 9 février 1855.

Ed. LARUE.

Demander M. Hellard (Germain), à Gonneville, qui est chargé de remettre 8 bouteilles de Chlore pour M. Levasseur, médecin, chargé du service de la commune d'Yport, par ordre de M. le Sous-Préfet du Havre.

Yport, le 15 juin 1849.

Le Maire de la commune d'Yport,
J. FEUILLOLEY.

Monsieur,

J'ai l'honneur de répondre à votre honorée du 14 de ce mois relativement aux douze bouteilles de *Chlore* que vous avez données aux pauvres lors de l'épidémie (le choléra) qui régnait dans la commune.

Les personnes qui en ont fait usage dans leurs maisons n'ont pas été attaquées de la maladie, et je pense que c'est un bon préservatif. Je pense que la maladie a disparu environ cinq jours après avoir reçu vos bouteilles ; je vous en témoigne mes remercîments.

J'ai l'honneur d'être,

Votre très humble et très obéissant serviteur,

Signé : J. FEUILLOLEY.

Les deux documents ci-dessus, certifiés conformes aux originaux, par nous, Maire de Montivilliers, le 7 février 1856.

J. LECHEVREL.

———

Je soussigné, capitaine du navire français *Belem*, déclare que j'ai fait usage dans mon voyage du Brésil du *Chlorure désinfectant* préparé par M. Germain Hellard, chimiste.

Je n'ai qu'à me louer de l'emploi de cette substance, et je suis porté à croire que je lui dois la vie de mon équipage.

En foi de quoi j'ai signé le présent certificat.

Le Havre, ce 24 juin 1856.

T. CHURITTO.

———

Je soussigné, capitaine du navire *Alexandre,* déclare m'être servi du *Chlore gazeux concentré* de M. Germain Hellard, chimiste à Montivilliers, dans mon voyage du Havre à la Pointe-à-Pitre. J'ai reconnu en lui une haute propriété désinfectante, tant pour l'odeur de la cale que pour la viande salée ; j'en ai fait emploi pour un baril qui tournait à la putréfaction dont j'ai arrêté le cours. J'ai fait mon voyage sans accident pour mon équipage.

Donné au Havre, le 22 Juillet 1856.

F. GARNIER.

Capitaine au long cours.

———

Je soussigné, P. Versaille, capitaine au long-cours, commandant le trois-mâts *Indépendance-de-Dunkerque,* certifie avoir fait usage du *Chlore concentré gazeux* de Monsieur Germain Hellard, chimiste à Montivilliers, et avoir reconnu en lui non-seulement un puissant désinfectant, mais l'avoir employé comme un remède efficace qui a préservé mon équipage et moi-même de maladie et de mortalité. Je dois ajouter que j'étais attaqué d'un mal à la jambe par suite de blessure, que j'avais employé, sans succès, beaucoup de moyens pour me guérir, et qu'ayant eu recours au Chlore précité, j'ai obtenu une complète guérison dans ma traversée du Havre à la Guadeloupe.

Je dirai encore que j'ai employé ce produit pour mon second, qui avait eu les doigts écrasés par accident pendant la manœuvre, et qu'en peu de jours il a été radicalement guéri.

En foi de quoi j'ai délivré le présent certificat à M. Hellard.

Havre, le 1er Septembre 1856.

P. VERSAILLE.

Je soussigné, H. Gérau, capitaine au long-cours, commandant le navire *Brave-Constant*, reconnais avoir employé avec succès le *Chlore gazeux concentré* de M. Germain Hellard, de Montivilliers. Ayant suivi ponctuellement les indications de sa notice, j'ai eu pour résultat de sauver deux hommes de mon équipage attaqués de la fièvre jaune ; l'un mon second, nommé Collard, âgé de 35 ans, et l'autre, le novice Paul, âgé de 17 ans. Je regarde donc comme un devoir de recommander à mes confrères l'emploi de ce moyen.

Havre, le 12 Septembre 1856.

H. GÉRAU.

Monsieur Germain Hellard, chimiste à Montivilliers.

Monsieur,

Je suis heureux de pouvoir joindre mes remercîments à ceux de mes collègues qui ont fait usage de votre Chlore; je m'en suis servi pour *moi-même,* dans un cas de fièvre, à la Havane; deux heures après, une transpiration très-abondante s'est établie ; mes souffrances se sont calmées et quelques jours après j'étais en bonne santé.

Un de mes hommes, le nommé Cleach, s'étant plaint de douleurs de reins et de maux de tête (précurseurs de la fièvre jaune), je lui ai donné, suivant vos prescriptions, deux cuillerées de Chlore ; la maladie, prise ainsi dès le début, a complètement disparu et le lendemain il reprenait son travail.

Comme désinfectant, j'ai dès l'abord compris les propriétés de votre Composé.

Je vous prie donc, Monsieur, de vouloir bien agréer mes vifs remercîments et l'assurance de ma considération distinguée,

Votre serviteur, etc., etc.,

Félix DARRÉ, cap.

Havre, 3 octobre 1856.

Vu au bureau de l'inscription maritime.

Havre, le 9 Janvier 1857.

Pour le Commissaire de l'Inscription maritime,

GOUET.

Je certifie avoir fait usage du *Chlore gazeux concentré* de M. Germain Hellard, de Montivilliers, dans mon dernier voyage des Antilles, sur plusieurs hommes de mon équipage, atteints de la fièvre jaune. Les résultats que j'ai obtenus sont à la louange de son auteur ; je n'ai perdu personne, et le navire, par la propriété désinfectante que ce *Chlore* recèle, a toujours été dans un état de salubrité parfaite.

LERAT, capitaine.

Havre, le 19 Décembre 1856.

Vu au Bureau de l'Inscription maritime,

Havre, le 9 Janvier 1857.

Pour le Commissaire de l'Inscription maritime,

GOUET.

Monsieur Hellard, chimiste à Montivilliers.

Le 12 Juin 1856, je fus forcé de coucher à terre à Puerta-Arenas (Costa-Ricca); le lendemain, à cinq heures du matin, j'eus des attaques de choléra. Je me fis transporter immédiatement à mon bord, et fis usage de votre Composé Chloruré Concentré; aussitôt que j'eus avalé la quantité spécifiée par vos instructions, la transpiration se rétablit, et tout le jour et la nuit suivante je restai dans cet état, j'étais guéri de cette terrible maladie.

Croyez, Monsieur, que je suis heureux de pouvoir vous témoigner ma satisfaction sur votre heureuse découverte.

Je suis, etc., votre tout dévoué,

R. DELABARE, cap.

Dans ce même temps toutes les personnes attaquées de ce terrible fléau, mouraient malgré les remèdes des médecins.

Havre, le 1er Décembre 1856.

Vu au bureau de l'Inscription Maritime.

Havre, le 9 Janvier 1857,

Pour le Commissaire de l'Inscription maritime,

GOUET.

———

Je soussigné, A. Briand, capitaine du navire *Hyacinthe-et-Marie*, du port de Granville, me fais un devoir de reconnaître que, lors de mon dernier voyage à la Pointe-à-Pitre, je me suis servi du *Composé chloruré* de M. Hellard, de Montivilliers, et que j'en ai obtenu les meilleurs effets. Je l'ai employé notamment sur mon mousse, qui était atteint d'un accès de fièvre jaune caractérisée. Cet enfant avait tous les graves symptômes de cette maladie si dangereuse; la langue blanche et bordée d'un rouge écarlate, 120 pulsations à la minute, gencives saignantes, etc., et, au dire des médecins du pays, ces indications dénotent un cas des plus graves et presque toujours mortel. Les médecins, sur les renseignements que je leur avais donnés, avaient déclaré qu'il n'y avait pas de ressource, et ils m'avaient engagé à envoyer le malade à terre, pour éviter une amende de 500 fr., parce que, suivant leur opinion, il devait mourir dans les vingt-quatre heures.

Confiant dans le *Composé* de M. Hellard, dont je m'étais déjà servi comme préservatif, je l'administrai à l'enfant qui resta pendant quatre jours dans un état médiaire, mais cependant avec une diminution du pouls qui de 120 était descendu à 80. Le cinquième jour, une amélioration sensible se déclara et le onzième jour, l'enfant reprenait son service. — Je dois ajouter que cette cure a été l'objet de la plus vive surprise pour les médecins, qui avaient annoncé comme certaine, la mort de mon mousse, et qui m'ont demandé avec instance de leur donner quelques bouteilles du *Composé chloruré* de M. Hellard, pour en faire usage dans ces terribles affections, pour lesquelles il n'y avait pas, jusqu'alors, de remède connu.

En terminant, je dirai encore que pendant mon séjour à la Pointe-à-Pitre, confiant dans cette expérience dont j'avais été le témoin, je me suis livré impunément à tous les exercices violents qui déterminent souvent la fièvre jaune chez les Européens, mais qu'aussitôt que je ressentais un malaise provenant soit d'un peu de refroidissement, soit d'un excès de fatigue, je prenais comme préservatif le *Composé* de M. Hellard, et que je n'ai pas eu un instant de maladie.

En foi de quoi, j'ai signé le présent certificat, avec autorisation à M. Hellard d'en faire l'usage qui lui conviendra.

Havre, le 3 Avril 1857.

Le capitaine du navire Hyacinthe-et-Marie,

A. BRIAND.

Vu au bureau de la Marine, pour légalisation de la signature.

Pour le commissaire de l'Inscription maritime,

GOUET.

Monsieur Hellard,

Je suis heureux, Monsieur, de pouvoir vous rendre compte des effets de votre *Chlore gazeux et concentré végétal.* J'ai employé l'un et l'autre au bien-être de mon équipage, dans le moment le plus fort de l'épidémie existant à Rio-Janeiro. Votre *Chlore gazeux* est excellent comme désinfection ; l'autre a énormément influé à sauver tous les hommes de mon équipage, pris de la fièvre, car sur vingt-deux je n'en ai perdu qu'un seul.

Recevez donc, Monsieur, mes remercîmens et croyez à toutes les sympathies de votre bien dévoué serviteur,

A. CHERADAME,

Capitaine au long-cours.

Havre, le 23 Juin 1856.

Vu au bureau de la Marine, pour légalisation de la signature.

Pour le Commissaire de l'Inscription maritime,

GOUET.

Je certifie que le *Chlore concentré* de M. Germain Hellard, de Montivilliers, m'a été très salutaire, ainsi qu'à mon équipage, dans un voyage à Port-au-Prince, au moment où la fièvre jaune y sévissait avec vigueur.

Havre, 19 Juin 1857.

HOCHET,

Capitaine au long-cours.

Vu au bureau de la Marine, pour légalisation de la signature,

Pour le Commissaire de l'Inscription maritime,

GOUET.

Extrait d'une lettre de MM. Déjardin et C° du Port-au-Prince.

« A la maison Th. Barbey, au Havre.»

« L'emploi du *Chlore concentré* a parfaitement réussi au capitaine du brick *Echeria*, qui n'a pas eu de malades.

» Nous croyons utile d'appeler votre attention sur cet article, qui serait de la plus haute importance pour la conservation des équipages.»

———

Je soussigné, chirurgien-major de la marine, docteur en médecine, certifie m'être servi du *Chlore concentré* de M. Hellard, dans un cas très grave de gangrène du pied, sur la personne de M. Bertrand, pilote de Fort-de-France, et en avoir retiré les plus heureux résultats.

Fort-de-France, le 4 mai 1857.

E. BERAUGAL.

———

Monsieur Germain Hellard, chimiste à Montivilliers.

Je suis heureux de pouvoir vous témoigner ici mes remercîments de l'emploi que j'ai fait de votre *Chlore concentré gazeux* pour moi-même, ainsi que pour mon équipage.

A Pernambuco, où j'eus à subir un accès de fièvre jaune, je fis usage de votre *Composé chloruré* et deux heures après j'étais remis de mon indisposition. J'ajouterai que, pendant mon séjour à Paraïba-do-Norte (Brésil), j'eus cinq hommes de mon équipage atteints de la fièvre et que, leur ayant administré votre médicament, j'eus la satisfaction de les rétablir en peu de jours d'une manière assez complète pour qu'ils pussent reprendre les travaux du bord.

Je dirai de plus, que pendant mon séjour à Pernambuco et Paraïba, j'ai été le seul capitaine qui n'ait point eu à déplorer la perte d'un homme de son équipage.

Havre, 9 Mai 1857.

Le capitaine du navire *Comte-Roger*,
PUGIBET.

Vu au bureau de la Marine, pour légalisation de la signature.

Pour le Commissaire de l'Inscription maritime,
GOUET.

———

Monsieur Hellard, chimiste à Montivilliers.

Au mois de Mai dernier, je me trouvais sur rade de la Pointe-à-Pitre, alors que la fièvre jaune sévissait sur les équipages. J'ai eu la précaution de jeter du *Chlore* plusieurs fois par semaine dans la chambre et dans le logement de l'équipage. En outre, j'ai administré du *Composé chloruré concentré* à tous les hommes de mon bord, qui, cependant, en ont pris peu régulièrement à cause du goût désagréable de ce préservatif.

Dois-je attribuer à votre remède ou à d'autres circonstances l'état sanitaire excellent de mon équipage ? C'est ce que je n'oserais décider d'après cette seule expérience, mais cependant je crois que l'emploi du *Chlore* et du *Composé chloruré concentré* est pour beaucoup dans l'état exceptionnel de la santé de mon équipage, car je crois que la *Juliette* est le seul navire qui soit resté à cette époque, près de deux mois sur rade, sans avoir eu *un seul homme* à l'hôpital.

Je vous autorise, Monsieur, à faire de cette lettre l'usage que vous croirez convenable, et, pensant que vos préservatifs peuvent être fort utiles à la marine, je vous engage vivement à en établir un dépôt à Bordeaux. J'en ai déjà parlé à M. Fleury qui, ayant des dépôts de beaucoup d'articles à l'usage de la marine, est parfaitement posé pour faire adopter vos produits. Si vous le jugez convenable, vous pouvez entrer directement en relation avec lui. Il demeure Place Royale, n° 15, à Bordeaux.

Veuillez agréer, Monsieur, l'assurance de ma parfaite considération.

BELLAMY,

Capitaine du trois-mâts *Juliette*, de Bordeaux.

Vu au bureau de la Marine, pour légalisation de la signature,

Pour le Commissaire de l'Inscription maritime,

GOUET.

OBSERVATIONS.

MESSIEURS,

A la suite des titres qui viennent d'être cités, je crois à propos d'entrer dans des détails assez étendus, car le sujet dont il s'agit a, à mes yeux, une si réelle importance, qu'il comporte d'indispensables développements. Sachant que je m'adresse à beaucoup d'hommes dont les idées, la manière d'envisager les choses et les caractères sont très-différents, je m'estimerai heureux si j'ai pu faire pénétrer mes convictions, même dans un petit nombre, car peu d'hommes ont la vue faite pour regarder une vérité en face et assez d'affinité pour se l'approprier.

Mais si le doute et le scepticisme sont la part de beaucoup, il en est, et je suis de ce nombre, chez lesquels le besoin de rechercher le vrai est poussé à l'extrême. Pourquoi donc hésiterais-je à exprimer cette opinion, lorsque de ma part elle est l'expression de la sincérité. Nul ne saurait contester que nous apportons avec nous le germe de certaines dispositions : ainsi le sens commun naturel est chez l'homme, à un degré plus élevé qu'on ne le croit généralement ; mais bientôt l'étude, qui est à l'esprit ce que la gymnastique est au corps, transforme ce sens commun en intelligence, manifestation plus élevée de l'essence divine, mais plus dangereuse dans ses écarts, si elle n'est réglée par ce puissant gouvernail qu'on nomme la raison.

J'ai la conscience d'être né avec le sens commun, je l'ai parfois trop peu écouté, mais dans ces moments d'erreur, j'étais ramené par des inspirations qui m'indiquaient que pour rester dans la voie du juste et du vrai, il faut avoir acquis, par l'étude, la maturité et le fonds qui sont les seuls freins salutaires.

Je me suis livré alors avec une ardeur soutenue à l'étude de la vérité et cette étude dure depuis 40 ans. Aujourd'hui, bien qu'âgé de 68 ans, je me suis écarté du monde pour pouvoir me consacrer plus librement à ce besoin d'observer et d'apprendre qui m'a toujours poursuivi et qui me rend heureux. L'étude a ses entraînements et ses enchaînements ; ainsi, après avoir suivi des cours de chimie et de physique, j'abordai la physiologie et l'économie politique de Stork, puis un peu de métaphysique. Mais cela n'était pas assez pour mon cerveau dévoré du désir d'apprendre : je fis alors l'étude du monde visible et j'acquis quelques notions de philosophie, recherchant toujours le vrai avec une affinité réellement exceptionnelle.

Je n'ai certes pas la prétention de professer chaque science ; mais ayant emprunté sa substance à chacune des sciences élevées que je viens de citer, lorsque j'avais besoin de résoudre un problème, je savais où trouver ce qui devait m'éclairer ; je lisais les meilleurs auteurs, ceux avec lesquels je me trouvais en sympathique communion. Mais en raison même de ces aptitudes scientifiques, qui surexcitent l'imagination et font du cerveau de l'homme une fournaise brûlante, les idées chez moi se pressaient actives, ardentes et sans ordre. Aussi, combien m'a-t-il fallu d'efforts pour établir la méthode dans ces pensées, pour étudier les parcelles des corps, leur affinité, les causes agissantes, les influences résultant des variations atmosphériques, pour arriver à voir clairement et distinctement avant de me prononcer et pour me mettre suffisamment en garde contre la faiblesse du jugement humain obscurci par les passions.

Dans l'ordre philosophique, une première proposition se présente. — Je dois mourir et je puis mourir plus ou moins tôt. Mon sens commun s'est réveillé à cette pensée et il m'a dit qu'il était toujours louable de faire du bien ici-bas, dans le cours de son existence. Alors, je me suis mis à l'œuvre, et 30 ou 40 ans d'études pour arriver à résoudre un même sujet, ne m'ont point effrayé ni découragé, car je suis doué d'une puissance de volonté et d'une persévérance que rien ne rebute. Mais cette puissance est-elle un don de nature ou m'a-t-elle été inspirée par la Providence qui aide ceux qu'anime l'amour du vrai ? Je dois croire à cette suprême faveur, je remercie et j'admire la grandeur de Dieu !

Tous ceux que n'égare pas un froid et aveugle scepticisme et qui observent en philosophes la marche du monde visible, y voient des prodiges de combinaisons, de compensations, cet équilibre admirable qui règne partout et que l'esprit humain dans sa faiblesse ne peut qu'imparfaitement apprécier. L'homme arrivé au faîte de la grandeur n'a-t-il pas ses faiblesses qui prouvent si éloquemment ce système des compensations ; aussi ne pouvons-nous jamais être assez indulgents les uns envers les autres. Quand on observe l'homme investi de trente-neuf passions, dix-huit le rapprochant de la sociabilité, dix-neuf qui l'en éloignent, on se rend compte des luttes quotidiennes qui doivent s'établir en lui pour rester dans un milieu convenable. Mais dans ces combats est-il toujours victorieux ? Non, sans doute ; donc l'indulgence mutuelle est une nécessité et un bien, source de satisfaction pour l'âme.

L'humanité, je le reconnais, a de grands défauts, et l'homme, partie de ce tout, est souvent affligé de vices et cependant je l'aime sincèrement. La réflexion m'a conduit, il est vrai, à me retirer du monde et à vivre pour la science ; sachant en effet, que notre cerveau n'a qu'une surface et une étendue données, et que les futilités que vous y faites entrer occupent la place des choses les plus sérieuses et empêchent ainsi le développement mental dont vous étiez susceptible en agissant différemment, j'ai dû prendre ce parti. Mais il m'a été dicté, on le comprendra, par mon désir de servir mes semblables en m'occupant des choses les plus utiles à l'homme, de son hygiène et de son alimentation.

Ai-je pu, par mes travaux, apporter sur ces questions de notables modifications et réaliser des améliorations sérieuses? c'est ce que le temps dira et je serai heureux si, avant ma mort, il est reconnu par ceux qui me jugeront impartialement, que pendant mon passage sur la terre j'ai fait plus de bien que de mal — Que le temps a d'empire sur nos idées. A mon âge, la mort est un terme prochain, pourquoi donc mes explications franches exciteraient-elles les vanités et les jalousies? ne faut-il pas des hommes de tous les caractères et pourrait-on déranger une simple parcelle, sans détruire l'équilibre parfait dont la volonté de Dieu peut seule disposer ? — Non, car ce serait alors perdre le sens commun.

TRAVAUX. — 1er Point.

Le chlore, on le sait, joue un grand rôle en hygiène, comme l'iode dont la vogue est grande en ce moment, et tous ceux qui s'occupent de préparations chimiques connaissent les bases de la fabrication des chlores ou chlorures. Préparer du chlorure n'est donc pas chose nouvelle. — Mais en étudiant mes produits, on reconnaîtra que la préparation de mon chlore liquide est une combinaison des agents constitutifs unis à des corps qui lui prêtent des propriétés jusqu'alors inconnues ou du moins agissant avec une énergie extraordinaire, et ce qu'aucun chimiste ne comprendra, c'est qu'en versant de ce chlore d'une bouteille restée hors de la lumière et sur laquelle on aura laissé pendant un an et plus le bouchon seulement posé sur le goulot, on retrouve encore du chlore à l'état gazeux, avantage très appréciable en médecine pour l'introduction dans les organes respiratoires. Ce gaz, prescrit par un homme de l'art, dans des proportions indiquées, va directement aux poumons. Si maintenant on veut juger de son degré de concentration, il suffit de le respirer et alors on sera fixé. — Mon chlore, d'après mes propres observations et des expériences réitérées, a seulement trois propriétés spéciales : il est désinfectant, anti-névralgique et guérit toutes les maladies cutanées. En science, on sait que comme désinfectant, le chlorure s'empare de l'hydrogène, de tous les miasmes pestilentiels et les détruit plus ou moins rapidement suivant sa concentration. C'est ainsi que s'expliquent les grands avantages qu'on en retire dans les pays où les miasmes putrides règnent à l'état permanent et notamment dans les contrées échauffées par un soleil ardent. Parmi les divers produits similaires qui ont figuré à l'Exposition universelle de 1855, le mien a été remarqué et il m'a valu une Mention Honorable.

La seule chose que je désire maintenant, c'est que ses effets sur l'économie soient impartialement étudiés, et dans ce but, j'en remettrai à titre gratuit à tout docteur qui m'en fera la demande, afin de faciliter les investigations dans les causes premières de graves maladies, à la découverte desquelles la corporation médicale doit attacher une si légitime importance, car ce serait se mettre à côté du sens commun que de ne point croire qu'il en est ainsi.

2me Point.

Conduit à observer dans les affections épidémiques et notamment dans le choléra et la fièvre jaune, les causes qui pouvaient donner la mort en quelques jours ou en quelques heures, j'ai composé une préparation aux matières végétales, dont l'emploi a été fait par des docteurs avec un succès étonnant. Je passai 10 années à étudier tous les faits, à les noter scrupuleusement ; enfin, muni de rapports qui ne pouvaient me laisser aucun doute, j'ai pris le parti d'expédier à l'étranger afin que la faculté put faire ses observations, me réservant lorsque j'aurais réuni un assez grand nombre de titres incontestables, de faire hommage de ma découverte à S. M. l'Empereur Napoléon III.

Sachant que dans nos contrées les maladies épidémiques sont à l'état d'exceptions et qu'elles ne règnent pas en permanence, j'ai dû m'adresser aux hommes qui étaient plus particulièrement à même d'expérimenter, c'est-à-dire aux capitaines de navires, qui par leur profession sont appelés, eux et leurs équipages, à se trouver fréquemment sous des latitudes dangereuses et où les maladies en question déciment parfois cruellement les européens.

Beaucoup de ces honorables officiers ont fait usage de mon moyen comme préservatif et comme curatif, et ils se sont fait un devoir de me remercier des résultats obtenus, avec cette franchise et cette loyauté qui caractérisent les hommes d'honneur.

Est-il vrai maintenant, oui ou non, que mon composé ait la propriété de détruire tous les miasmes pestilentiels, de liquéfier le sang coagulé, de rétablir la circulation et de provoquer une transpiration abondante, dans les cas où le froid des extrémités est un premier et terrible symptôme, souvent précurseur de la mort ? La vérité déjà partiellement constatée ne tardera pas à se faire jour complètement, car les ravages des fléaux épidémiques sont malheureusement trop fréquents dans nos colonies et dans les pays étrangers. — Dans tous les cas le moyen est mis au jour désormais, et il ne reste plus qu'aux médecins à apporter leur concours pour son application, afin de participer ainsi à une grande œuvre charitable, en arrachant des hommes à une mort certaine pour une misérable dépense de 15 à 20 centimes. Un tel résultat n'est-il pas un prodige; c'est encore le temps qui se chargera de répondre à cette question, mais ce qui est évident, c'est que déjà mon moyen a préservé un certain nombre de mes semblables d'une mort certaine. Attendons de nouveaux faits et l'on appréciera si c'est en pure perte que j'ai consacré 30 années à l'étude d'une même question, puis l'on décidera également si je puis être accusé d'amour du lucre ou d'égoïsme, lorsque d'après le prix fixé à mon composé, il aura suffi de quelques centimes pour guérir l'homme atteint d'une affection presque toujours mortelle.

Qu'il me soit permis, maintenant, de soumettre quelques observations à MM. les docteurs, pour les diriger dans leurs investigations. Comme préservatif, mon composé doit se prendre deux fois par semaine, à la dose de deux cuillerées à café dans un verre d'eau, parce qu'il est beaucoup plus raisonnable de prévenir le mal que d'avoir à le combattre. Mais aussitôt que des violents maux de tête et de reins se font sentir, il faut alors administrer deux cuillerées à bouche dans un verre d'eau et se conformer aux indications de la notice. Si même la maladie présentait des symptômes très graves et très alarmants, on pourrait doubler la dose, et dans les hôpitaux, où les moyens de traitements sont faciles, faire prendre au malade un bain à l'eau duquel on mêlerait une bouteille de chlore concentré gazeux, en ayant soin, au sortir du bain, de bien envelopper le malade. Dans les cas où l'on n'a pas de baignoire à sa disposition, on doit alors faire des frictions sur les membres avec le même chlore. En se conformant à ces indications et en suivant avec loyauté et conscience l'application de ce système, MM. les docteurs auront bien mérité de l'humanité qui leur doit déjà tant et qui leur devra davantage par les résultats qu'ils obtiendront.

J'engagerai encore dans les Hospices civils, MM. les chefs de service à faire répandre chaque jour, matin et soir une bouteille de chlore gazeux pour annihiler ainsi les miasmes putrides et méphytiques renvoyés par les organes respiratoires des malades. Quelles que soient les affections de ceux-ci, les traitements emprunteraient à ce soin une efficacité plus grande.

RÉSUMÉ.

Ceci n'est point une affaire de nationalité, mais d'humanité, aussi les mesquines considérations de rivalités de nation n'ont-elles rien à y voir. — Tout homme, à quelque pays qu'il appartienne, peut enfanter une grande idée qui plus tard fera la prospérité et sera la sauvegarde non pas d'un peuple seulement, mais de tous les peuples.

Le grand Franklin n'est-il pas un témoignage de cette vérité, et ses immortelles découvertes n'ont-elles pas une féconde application, non-seulement pour l'Amérique, mais aussi pour le globe tout entier. Marcher vers le progrès sans jalousie, c'est suivre les préceptes de la raison, à laquelle ce célèbre philosophe attachait à juste titre un si grand prix, car sans elle, plus de gouvernail, nous tombons d'erreur en erreur. Combien ces entraves, mises sur la voie du progrès, n'ont-elles pas eu, dans les siècles passés, de fâcheux résultats; que de découvertes, que nous serions heureux de posséder, ont été perdues, parce que leurs inventeurs n'appartenaient pas à telle ou telle corporation. Je me demande, et je crois jouir de mon bon sens, si un homme appartenant à la société, et en dehors des corporations savantes, ne peut pas, lorsqu'il est doué des principes constituants qui font un caractère exceptionnel, enfanter des idées sublimes. Quelle erreur c'est donc d'essayer d'étouffer des germes si féconds qui pousseront quand même, puisque les diverses nations n'ont pas la même manière d'envisager les choses et que l'une adoptera avec enthousiasme ce que l'autre aura repoussé.

L'homme doué d'une puissance mentale supérieure, a dû avant d'y arriver, apprécier et connaître à fond la faiblesse du jugement humain, aussi n'éprouve-t-il aucun découragement lorsqu'il n'est pas compris. Sachant l'indulgence qu'on se doit, il remplit d'abord son devoir envers son pays, et lorsqu'il ne trouve que des indifférents ou des gens aveugles, il leur dit avec calme : « vous ne voulez pas de ce qui peut contribuer à votre » santé et au bonheur de votre existence, laissez-le donc, sauf à » avoir des regrets plus tard » puis il est en règle avec sa conscience et dort en paix.

G. HELLARD.

Chaque jour apporte son contingent de preuves et d'attestations en faveur de mes découvertes. Sans vouloir les citer toutes dans cet opuscule, je dois cependant, à titre de confirmation de mes prévisions, ajouter un certain nombre de titres qui ont leur utilité, en ce sens qu'ils pourront amener une conviction sérieuse chez tous ceux qui apportent dans l'examen et l'appréciation des choses, une bonne foi et une justice indispensables.

Monsieur Hellard,

J'ai employé, dans mon voyage au Port-au-Prince, le panier de *Chlore concentré* que vous aviez eu l'obligeance de me remettre à titre d'essai. Vos observations personnelles et les documents que vous m'aviez mis sous les yeux m'engagèrent fortement à expérimenter ce composé. Je l'employai aussitôt mon arrivée sur rade, comme désinfectant et comme préservatif contre la fièvre jaune. Mon équipage et moi, atteints de ce terrible fléau n'avons dû, j'en suis convaincu, qu'à l'emploi de votre Composé de ne pas payer notre tribut à cette maladie. J'ai, en outre, remarqué que les navires français *Iberia, Savanilla* et *Marie-Félicité*, présents sur rade en même temps que moi, qui employaient votre *Chlore* depuis leur arrivée, n'ont perdu, à eux tous, que deux hommes, tandis que les autres navires, qui n'en avaient pas à leur disposition, perdaient de 4 à 5 hommes par navire.

Voilà, Monsieur, en quelques mots, le résumé des observations que vous m'aviez demandées. J'ajouterai qu'après un résultat aussi satisfaisant, je me propose de continuer ultérieurement son emploi.

Je vous salue,

LEVÊQUE.

Vu : A. AUBRY.

Monsieur,

J'ai employé votre *Chlore* dans différentes circonstances et avec succès.

Avec le Chlore pour l'usage interne, j'ai guéri deux hommes ayant un principe de fièvre jaune.

J'ai employé le même Chlore comme injection ; j'ai guéri deux hommes dont un avait un écoulement et l'autre 11 chancres à la verge.

J'ai bien regretté que les 4 paniers que je vous avais prié de m'envoyer n'aient pas été remis à bord, car à Pernambuco bien des personnes désiraient avoir de votre Chlore qui, là-bas, jouit d'une grande réputation.

J'ai moi-même usé de votre Chlore, tant comme préservatif que pour détruire une fièvre intermittente que j'avais depuis longtemps.

Recevez, Monsieur, l'assurance de ma considération distinguée.

Aug. MASQUELÈS,

Cap. du *Bogota*, du Havre.

Vu : A. AUBRY.

Extrait d'une lettre du capitaine Motard, commandant le Fœderis-Arca, *de la maison V. Marziou et C*[o].

« ...... Le maître d'équipage Lecroulant a été malade de la fièvre » plusieurs fois dans la traversée ; je l'ai guéri *radicalement* avec le » *Chlore liquide*. Ce remède est excellent. Le maître est plus valide » qu'il n'a jamais été.

» Certifié conforme :

» P. p[on] V. Marziou et Ce,
» E. CAZALIS.

Vu : A. AUBRY.

Monsieur Germain Hellard,

Me trouvant à Monte-Video à l'époque de la maladie, ni moi, ni mon équipage n'a ressenti aucune atteinte. J'ignore si c'est l'effet produit par votre *Chlore* ; mais, de temps à autre, j'arrosais la chambre et le poste de l'équipage avec cette préparation. Je l'ai aussi employé sur des blessures, dont la guérison était parfaite au bout de quelques jours. Je reconnais le *Chlore* comme de grande utilité à bord des navires, et dorénavant je compte en prendre pour mon service.

Recevez, Monsieur Hellard, mes remercîments et mes félicitations d'avoir, par vos travaux, réussi à faire un *Composé* si utile aux gens de mer.

J'ai l'honneur de vous saluer.

MARTIN, capitaine.

Havre, le 25 Juillet 1857.

Vu : A. AUBRY.

Monsieur Hellard, à Montivilliers.

Monsieur ;

Arrivé au Havre ce 28 juillet 1857, venant des Gonaïves, je m'empresse de vous écrire pour vous prier de vouloir bien agréer mes sincères remercîmens et félicitations au sujet de vos produits (*Chloré gazeux et composé chloruré*). Dans le voyage que je viens d'effectuer, j'en ai reconnu la bonté :

1° Sur la personne d'un jeune homme de couleur embarqué à mon bord comme passager, atteint, au moment du départ, d'une maladie

cutanée que je ne saurais définir, car sur ces peaux noires les symptômes caractéristiques sont très-difficiles à reconnaître ; ses jambes
et ses bras étaient très-enflés et recouverts de boutons purulents et
sanguinolents, tellement compactes qu'ils ne formaient qu'une seule
plaie. En moins de 20 jours, par le moyen du *Chlore gazeux* appliqué
en friction et en compresse et du *Composé* à la dose de deux cuillerées,
dont une le matin et l'autre le soir, il était parfaitement rétabli.

2° Comme puissant désinfectant à l'intérieur du bâtiment (*Chlore
gazeux*).

3° Je dois au *Composé chloruré*, comme préservatif, le salut de mon
équipage, lors de mon séjour aux Gonaïves.

Plusieurs personnes m'en ont demandé aux Gonaïves et à la Côte-
Ferme ; mais, vu l'insuffisance de ma provision, il m'a été impossible
d'accéder aux demandes qui m'étaient faites.

Je vous salue.

A. MOUTIER,
Capitaine au long-cours, commandant le
clipper-barque *Azua*.

Vu : A. AUBRY.

———

Je soussigné, capitaine du navire l'*Espérance*, du Havre, ayant à
bord dix-sept hommes d'équipage, me fais un devoir de déclarer que
me trouvant à la Martinique pendant les mois de mars et avril 1857,
époque à laquelle la fièvre jaune sévissait avec une déplorable inten-
sité sur les équipages européens, je fis usage contre ce fléau des produits de M. Germain Hellard, de Montivilliers. L'emploi de ces produits a eu les plus heureux résultats pour les hommes de mon bord,
ainsi que pour ceux des autres navires qui y ont eu recours, et aucun
n'a été atteint par l'épidémie, tandis qu'il mourait en moyenne 4
hommes par jour. Sept capitaines furent victimes de la maladie.

Plus tard, désirant rendre hommage aux découvertes Hellard, j'ai
fait publier à Maurice, par la presse locale, les excellents effets que
j'avais obtenus et remarqués, et dont je suis heureux de témoigner
à M. Hellard toute ma reconnaissance.

En foi de quoi, j'ai signé le présent certificat.

V. COUSIN,
Cap. du nav. *Edmond*.

Vu : A. AUBRY.

———

Havre, le 18 Septembre 1857.

Monsieur Hellard, à Montivilliers.

Monsieur,

Dans le voyage que je viens de faire aux Gonaïves (Haïti), où une
fièvre putride-typhoïde régnait et faisait beaucoup de victimes, j'ai
pu me convaincre de l'efficacité de votre *Chlore* comme préservatif,
puisque je n'ai eu personne d'atteint par le fléau. Il est vrai que je

m'y suis pris dès mon arrivée à donner à mon équipage, de votre composition, ce qui justifie d'autant plus son efficacité, et ce que je conseillerai à tout capitaine faisant ces voyages.

Je l'ai employé également avec succès sur des plaies et contre les rhumatismes articulaires et autres douleurs par les frictions, ce qui ne peut me laisser aucun doute sur l'utilité de son emploi, tant à la mer que dans les pays chauds, ainsi que sur la nécessité qu'il y aurait que tout navire en fut pourvu.

Agréez, Monsieur, l'assurance de ma parfaite considération.

LEPONTOIS,
Cap. du nav. Pauline, du Havre.

Vu, pour la légalisation du capitaine Lepontois.

Havre, le 8 Janvier 1858.

Le commissaire de l'Inscription maritime,
DE LAUSUN.

Havre, le 23 Septembre 1857.

Monsieur Hellard, chimiste à Montivilliers.

M'étant servi pendant mon séjour à St-Thomas de votre *Composé chloruré concentré*, je n'ai eu qu'à me louer de son efficacité contre la fièvre jaune. Pendant que tous les navires perdaient des hommes, j'ai pu, grâce à votre *Chlore*, préserver et guérir les miens de cette terrible maladie. J'ai descendu un seul homme à terre parce qu'il avait le délire et que je craignais qu'il ne mourut à bord (dans ce cas le navire aurait eu à supporter une forte amende); mais j'ai fini par le guérir au moyen de votre *Chlore*.

Heureux de pouvoir vous féliciter d'une découverte aussi utile à l'humanité et en même temps si économique pour les navires,

Je suis, Monsieur, avec la plus parfaite considération,
votre tout dévoué,

R. DELABARRE,
Capitaine du Georgina.

P.-S. — C'est le 2e voyage que je m'en sers, et toujours avec efficacité.

Vu pour la légalisation de la signature du capitaine Delabarre.

Havre, 28 Janvier 1858.

Le Commissaire de l'Inscription maritime,
DE LAUSUN.

St-Pierre, le 16 octobre 1857.

Monsieur,

Je suis heureux de pouvoir vous rendre compte des effets du *Chlore gazeux et concentré végétal* de la fabrique de M. Hellard, chimiste à

Montivilliers, dont vous avez bien voulu me faire hommage de deux bouteilles pour en faire l'application. Je vous dirai donc que, le 30 septembre dernier, je fus appelé pour un enfant de 17 mois atteint d'une diathèze inflammatoire générale, à la suite d'une erysipèle de toute la cuisse et jambe gauche, que j'avais réussi à enlever par des moyens thérapeutiques que j'avais employés avec succès ; mais l'inflammation continuait et était entretenue par la croissance, la dentition, les vers lombrics et un gros catharre poitrinaire. Il y avait inflammation avec engorgement des amigdales, grande difficulté de respirer, coliques aiguës et chaleur excessive de toute la périphérie du bas-ventre. J'ai fait usage de compresses trempées dans une partie de chlore pour l'usage externe, dans trois parties d'eau ordinaire, appliquées sous le menton, sur la poitrine et sur le bas-ventre, renouvelées à chaque fois qu'elles étaient sèches ; intérieurement de celui pour usage interne, à la dose de une cuillerée à café sur 125 grammes d'eau ordinaire, et j'ai administré ce médicament par cuillerée à café : 1° toutes les heures et ensuite toutes les deux heures. Aidé de quelques révulsifs et plus tard du sulfate de quinine, j'ai eu à observer sensiblement l'effet bienfaisant du médicament Hellard, et je pense qu'en s'en servant avec prudence et convenablement, selon le cas, l'âge et l'idiosincrasie du sujet, seul ou allié à d'autres médicaments, selon les cas, on peut en obtenir des résultats très-satisfaisants.

En topique, à l'extérieur, je l'ai employé et ai conduit à cicatrices deux chancres vénériens du gland qui avaient résisté à plusieurs moyens.

Je poursuivrai mes recherches sur les qualités de ce remède, et plus tard j'aurai l'honneur de donner connaissance directement à M. Germain Hellard de ce que j'aurai pu recueillir.

Veuillez agréer, Monsieur, etc.

PUPIERT. D. M.

Je certifie, capitaine, avoir eu connaissance des soins portés à cet enfant et son entière guérison, après avoir eu recours au procédé Hellard, et du jeune homme guéri par le même procédé de deux chancres aigus et rebelles à tout médicament. Je l'ai employé aussi avec succès pour des hommes de mon équipage.

Je suis d'accord que ce procédé sera, quand il sera plus connu, d'un grand secours pour la marine.

Je délivre le présent à M. Hellard, de Montivilliers, comme témoignage de mon entière satisfaction, et désire que chacun y apporte toute l'attention voulue dans l'administration du procédé.

Havre, le 15 décembre 1857.

F. BOURISE,

Cap. du nav. *Roi-d'Yvetot.*

Vu pour la légalisation de la signature du capitaine Bourise. Havre, 28 Janvier 1858.

Le commissaire de l'Inscription maritime,

DE LAUSUN.

Pendant mon séjour sur la rade de la Pointe-à-Pitre, en septembre 1857, j'ai eu occasion de me servir, comme préservatif, du *Chlore concentré* de M. Hellard ; les fièvres intermittentes régnaient dans la colonie : aucun des hommes qui ont fait usage du *Chlore* n'a été malade. Je dois même faire remarquer que les trois hommes de mon équipage que je me suis vu forcé d'envoyer à l'hôpital étaient de ceux qui n'avaient pas voulu prendre ce préservatif.

Je crois fermement que dans ces pays insalubres les équipages se trouveraient très-bien de l'emploi du *Chlore concentré* de M. Hellard.

Havre, 10 Décembre 1857.

E. LARMAND,
Cap. de l'*Achille*.

Vu pour la légalisation de la signature du capitaine Larmand.

Havre, 28 Janvier 1858.

Le commissaire de l'Inscription maritime,
DE LAUSUN.

Rio-de-Janeiro, 29 mars 1858.

Je soussigné, m'étant embarqué à bord de l'*Impératrice-du-Brésil*, en juillet 1857, déjà malade de forte douleurs dans la vessie et souffrant toujours de plus en plus, le capitaine Cheradame, auquel je serai éternellement reconnaissant, me proposa de faire usage du *Composé chloruré concentré* aux matières végétales de M. Germain Hellard, chimiste à Montivilliers. Au bout de quelques jours, je me sentis mieux, et quand j'arrivai à Rio je me trouvai parfaitement bien ; c'est pourquoi je m'empresse de faire cette déclaration, pour que les personnes qui souffrent de cette même infirmité, fassent comme moi usage de ce précieux remède, étant sûres d'avance d'en obtenir, si ce n'est parfaite guérison, au moins un grand soulagement.

L.-J. BEAU.

Vu par nous, chancelier du consulat de France à Rio-Janeiro, pour légalisation de M. Louis-Jean Beau, négociant à Rio-Janeiro.

Rio-Janeiro, 29 Mars 1858.

Th. TAUNOY.

Havre, le 22 Juin 1858.

A M. G. Hellard, chimiste à Montivilliers.

J'ai eu l'occasion, Monsieur, d'administrer votre *Chlore concentré* à trois hommes de mon équipage, atteints des premiers symptômes des fièvres de pays intertropicaux ; je veux bien croire que ces cas n'étaient pas pernicieux, puisque la fièvre jaune ne régnait nullement aux Gonaïves (Haïti), où je me trouvais ; mais je puis affirmer que la santé de ces hommes était évidemment altérée, et que, grâce à l'emploi immédiat de votre médicament, le mal a été enrayé, et en peu de jours ils étaient rétablis ; d'ailleurs les accès de cette cruelle maladie, ordinairement si tenace, n'ont plus reparu pendant le cours du voyage.

Si l'efficacité de votre *Chloruré concentré aux matières végétales* n'était pas déjà bien reconnue, je m'empresserais de la préconiser publiquement comme utilité maritime ; mais la sagacité des navigateurs de notre port n'a pas été seule à en apprécier les heureux effets, puisque des hommes spéciaux ont cru devoir aussi l'approuver. Pour ma part, Monsieur, je me bornerai seulement ici à vous adresser ces quelques lignes pour vous exprimer mes remercîments sincères ; c'est le seul hommage qu'il me soit permis de rendre à votre belle découverte, qui est un immense bienfait pour les équipages de nos navires de commerce.

Veuillez agréer, Monsieur, l'expression de mes sentiments les plus distingués.

MERLET.

Cap. du nav. *Globe.*

Vu : A. AUBRY.

Trois mois après mon arrivée à Bahia, fatigué par un séjour journalier sur les quais de déchargement où le soleil darde continuellement ses rayons, je fus pris subitement des symptômes les plus caractérisés de la fièvre jaune, c'est-à-dire une fièvre intense accompagnée de douleurs dans tous les membres, les yeux injectés de sang, maux de cœur accompagnés de vomissements et exhalaisons putrides de l'estomac.

Reconnaissant la gravité de mon état et ayant beaucoup entendu parler de la composition du chimiste G. Hellard, je priai mon capitaine, possesseur de quelques paniers de ce remède destinés à son usage particulier, de vouloir bien m'en administrer quelques cuillerées, selon les prescriptions de la note annexée à chaque panier. Sur mon instante prière donc, le capitaine voulut bien me faire part de ce remède, et je me plais à dire que, selon mon entière conviction, je lui ai dû la vie.

Fait à bord de l'*Occident*, le 14 Septembre 1858.

Le second, E. QUEST.

Je soussigné, capitaine Hautbois, commandant le trois-mâts *Occident*, déclare que, prié par mon second, pris d'une atteinte sérieuse de fièvre jaune, de vouloir bien lui administrer le remède du chimiste G. Hellard, ayant déjà expérimenté par moi-même les bons résultats obtenus par ce système, je n'ai pas hésité à consentir à son désir, persuadé du bon effet de ce remède, et j'ai eu la satisfaction de voir en quelques jours mon malade remis sur pied, ne conservant plus de son attaque qu'une très-grande faiblesse due, je crois, à l'énergie même de ce remède.

En raison de quoi, j'ai délivré le présent certificat au sieur G. Hellard, chimiste à Montivilliers, pour lui servir et valoir au besoin.

Bord, 15 Septembre 1858.

Le capitaine commandant l'*Occident,*

P. HAUTBOIS.

Vu : A. AUBRY.

———

Je soussigné, Commissaire de l'émigration, certifie que le capitaine Cario, commandant le navire français *Alexandre,* dans le rapport qu'il m'a adressé sur l'état sanitaire des émigrants qu'il a transportés à Buenos-Ayres, attribue au *Chlore* et au *Composé chloruré* de Monsieur Hellard, l'absence de toutes mauvaises maladies à bord pendant son long séjour dans les parages équatoriaux.

S. AUX COUSTEAUX.

———

Je soussigné, J. Toury, commandant le navire français le *Chincha,* certifie avoir fait usage du *Chlore concentré gazeux* de M. Hellard, chimiste à Montivilliers, et avoir reconnu en ce Chlore un remède efficace comme désinfectant. Je dois ajouter en outre qu'après l'avoir employé dans un cas fort grave de maladie vénérienne dont était atteint un de mes hommes, j'ai pu obtenir une prompte et parfaite guérison au bout de douze jours.

C'est pourquoi je suis heureux de pouvoir adresser à M. Hellard mes sincères félicitations et remercîments.

Vu : A. AUBRY.

———

Je certifie que j'ai employé le *Chlore* de M. Hellard pendant la traversée de St-Thomas aux Gonaïves et dans ce dernier lieu où régnait l'épidémie. Je déclare que, grâce à l'efficacité de ce *Chlore,* j'ai réussi à guérir cinq hommes de mon équipage qui se trouvaient atteints de la fièvre jaune.

En foi de quoi j'ai délivré le présent pour servir et valoir ce que de raison.

Havre, 6 Février 1858.

SAILLARD,
Cap. du brick le *Musard.*

Vu : A. AUBRY.

———

Monsieur Hellard, chimiste à Montivilliers.

Monsieur,

Un grand événement m'est arrivé le 20 Juillet 1859. En sortant de visiter les phares de la Hève, j'essayai de descendre à la grève par un endroit trop escarpé ; le pied me glissa et je tombai du haut du cap dans la falaise. M. Villemartin, capitaine au long-cours, et son beau-père, M. Selingue, prirent un chemin détourné pour venir me relever, et me conduisirent dans une maison, dite Café des Phares, où M. Villemartin me fit un pansement provisoire.

J'avais la main gauche fendue en trois à une bonne profondeur, les chairs en lambeaux, le sang coulant de tous côtés suivant les veines coupées. Au-dessus du genou gauche, une veine jaillissait le sang à deux pieds ; les jambes étaient contusionnées, et des foulures aux talons me faisaient horriblement souffrir ; enfin, le côté droit était tout meurtri et j'avais à redouter un dépôt.

De retour chez moi, je ne fis point appeler de médecins, ayant toute confiance dans votre *Chlore* dont j'avais apprécié les avantages dans divers voyages aux colonies, particulièrement à bord des *Jumelles*, cap. Villemartin, qui, voyant mon obstination à vouloir être pansé par lui, finit par consentir à m'appliquer des compresses, moitié chlore et moitié eau sur la main malade et les jambes, et chlore pur sur le côté. Au bout d'une demi-heure, ne pouvant plus supporter le chlore pur. je levai la compresse du côté droit, et, à mon grand étonnement, je vis que je n'avais plus à craindre de dépôt ; je continuai néanmoins les compresses avec addition d'eau. Le lendemain, je fus forcé de garder le lit ; il m'était impossible de faire le plus petit mouvement. Et chose incompréhensible, mais pourtant très-vraie, ma chute avait lieu le mercredi soir, et le samedi suivant je reprenais mon service à bord du brick *Pyrame*, de St-Malo, où j'étais embarqué 2e capitaine. A la mer, je n'ai ressenti aucune douleur ; mes plaies se sont on ne peut mieux cicatrisées, et je ne dois ma guérison qu'à votre précieuse découverte.

Il me reste à vous témoigner ma satisfaction, non-seulement pour l'efficacité, mais encore pour la prompte efficacité de vos procédés. Que de blessés en Crimée et en Italie eussent été heureux de posséder une bouteille du *Chlore Hellard !*

Je suis avec un profond respect, Monsieur, etc.,

Camille TEXIER.

Havre, le 6 Février 1860.

Vu : A. AUBRY.

A Monsieur Germain Hellard, de Montivilliers.

Monsieur,

Comme marin, j'ai eu plusieurs fois occasion de reconnaître les bons effets du puissant remède dont, par votre persévérance, tous nos navires long-courriers se trouvent maintenant munis : j'ai nommé le *Chlore*.

En mai 1856, je me trouvais à la Pointe-à-Pitre (Guadeloupe), en qualité de second, sur le navire le *Robuste*, quand j'eus occasion de soigner un mulâtre blessé au pouce de la main gauche par un poisson. Cet homme souffrait horriblement, et l'on était sur le point de faire l'amputation du doigt malade, lorsque je le vis : je me suis borné à lui ouvrir le pouce d'un coup de lancette et à lui plonger la main dans un bain d'eau *chlorurée* à forte dose, puis des compresses imbibées de chlore ; le hui...

Ce fait est à la connaissance de M. Descors, docteur de la Faculté de médecine de Paris.

En avril 1857, j'étais encore à la Pointe-à-Pitre, second sur le *Philanthrope*, quand, rentrant à bord un soir, on me prévint qu'un novice, nommé Morreau, était malade ; l'ayant vu, je reconnus sans peine un des cas les plus violents de la fièvre jaune : l'heure avancée fit que je me résolus à garder le malade et à le traiter énergiquement suivant votre méthode, à laquelle j'adjoignis une partie du traitement externe des créoles ; le matin, l'enfant était sauvé.

Enfin, monsieur, en juillet 1859, étant second de la *Pauline-N°-2*, j'eus l'index de la main gauche complétement dénudé et désarticulé à la seconde phalange : le doigt était pendant. Le médecin auquel je demandais la section n'y voulut pas consentir, et quelque jours après la main toute entière était gangrènée : l'amputation devenait nécessaire ; malgré les avis de tout le monde, j'eus recours à votre *Chlore*, et j'ai conservé ma main.

De ces faits, les deux premiers peuvent être attestés par le docteur Descors, de la Pointe-à-Pitre. Quant au troisième, qui m'est personnel, en ont été témoins M. le consul de France au Cap-Haïtien ; M. Candelot capitaine de la *Pauline*, et M. Grillet, capitaine de la *France*, de Bordeaux.

Si, par ces récits, je puis, monsieur, contribuer à vous acquérir la confiance que mérite à tant d'égards votre remède, j'aurai, monsieur, avec bonheur, rempli un devoir et rendu hommage à la vérité:

Votre dévoué serviteur,

H. GIRAULT.

20 Avril 1860.

Vu : A. AUBRY.

Havre, le 27 Juin 1860.

Monsieur Hellard, chimiste à Montivilliers.

Je viens avec plaisir vous informer que pendant soixante-huit jours que je suis resté au François (Martinique), je n'ai pas eu un homme d'indisposé, en leur donnant chaque jour un demi-verre à eau-de-vie de votre *Chlore*. J'ai, de plus, coupé la fièvre à deux laboureurs qui, depuis très-longtemps employaient tous les remèdes possibles pour la détruire, et sans doute la tiendraient encore sans le *chlore* qu'ils ont pris et qui a fait disparaître leur maladie.

Recevez, Monsieur, l'assurance de ma considération distinguée et mes remercîments pour votre *Chlore*.

Le capitaine de la *Minerve*, du Havre,

EXMELIN.

Vu : A. AUBRY.

Le 5 Février dernier, je reçus du président de Pernambuco une ommission qui me mandait en toute diligence à Natal (Rio-Grande-du-Nord), où la fièvre jaune sévissait avec force. Dès mon arrivée, j'employai le *Composé chloruré concentré aux matières végétales* de M. Germain Hellard, de Montivilliers. Sur 319 malades que je traitai, j'en perdis 6, tandis que mes confrères furent beaucoup moins heureux que moi, suivant un traitement opposé au mien. La fièvre jaune combattue, je continuai à expérimenter le *Composé chloruré* : j'obtins de très-belles cures, notamment la guérison radicale d'une otite aiguë, qu'aucun traitement n'avait pu soulager.

Je ne saurais trop reconnaître les grandes propriétés et la puissance curative de ce nouveau remède qui, selon moi, est appelé à rendre de grands services à la médecine.

Natal (Rio-Grande-du-Nord), 20 Décembre 1857.

'L. ARNAUD, Médecin.

Vu : A. AUBRY.

———

Extrait du Journal *A Liberdade*, de Natal, 28 de Novembre 1857.

Communicado.

O sr. F. L. Arnaud tem prestado a esta provincia serviços da maior importancia. Engajado pelo presidente de Pernambuco, veio para esta capital em principio deste anno e quando aqui a febre amarella lavrou com maïs intensidade, elle assistio a um grande numero de doentes, e dentre 319 que medicou succumbiram apenas 6. Passada essa crise, em que o digno facultativo Francez dêo repetidas provas de desinteresse, curando gratuitamente pobres e ricos, privado da gratificao que percebia, continuou na sua clinica, vendo coroados os seus esforços dos maïs felizes resultados.

Faltariamos a um dever, se na'o rendessemos em publico um signal de reconhecimento ao sr. Arnaud. E' um tributo à verdade e ao merito.

JUSTUS.

———

Cienfuegos, 30 Septembre 1858.

Monsieur Germain Hellard, chimiste à Montivilliers.

Monsieur,

J'ai reçu aujourd'hui même la lettre que vous m'avez fait l'honneur de m'écrire le 31 août dernier.

Je regrette infiniment, Monsieur, de n'avoir pas vu de suite que j'étais entré en relation avec un homme aussi honorable que désintéressé, et en qui, par conséquent, j'aurais dû avoir toute confiance. Je laisse donc la question d'intérêt de côté. Je vous en abandonne la solution.

Quant à la question d'humanité que vous traitez si largement, selon votre cœur, je vous dirai que je crois sincèrement que tout votre labeur et votre persévérance trouveront leur récompense dans la gratitude de ceux qui auront été sauvés et dans l'admiration de ceux qui auront été témoins des prodiges dûs à votre bienfaisante préparation.

Nous avons eu à Cienfuegos une terrible épidémie de fièvre jaune, et les médecins qui n'ont pas voulu se servir de votre *Chloruré* ont eu à déplorer la perte de presque tous leurs malades, pour ne pas dire tous.

J'ai soigné 14 personnes atteintes du vomito-negro (fièvre jaune): je n'en ai perdu aucune; mais, atteint d'une fièvre cérébrale, j'ai été obligé de me mettre au lit, au moment où tout le monde venait à moi. J'ajouterai que de 10 ou 12 malades que j'avais en traitement quand je me suis vu forcé de suspendre mes visites, 3 ou 4 sont morts; peut-être que si j'avais été debout, quoique je n'administrasse votre préparation qu'à tâtons; l'affection de ces malades ne se serait pas terminée aussi funestement.

Il n'y a eu que la douzaine bouchée au verre qui soit arrivée intacte : il y a eu des paniers entièrement vides; dans un de ces paniers, j'ai trouvé un paquet d'instructions.

Veuillez, je vous prie, m'envoyer cinq à six caisses de 12 bouteilles par la même voie que celle que je vous ai indiquée : M. Ponvert, négociant, New-York; mais il faut lui envoyer une facture à l'avance et charger les caisses, pour l'entrepôt de New-York, à l'adresse de M. Ponvert, qui me les fera passer à Cienfuegos comme il a fait pour les autres.

Ayez, monsieur, la bonté de voir à ce que les caisses soient bien conditionnées, les bouteilles bien bouchées, afin qu'il n'arrive plus d'accidents, je vous serai bien reconnaissant.

Vous pouvez laisser vos étiquettes ou mettre seulement : *chlore concentré pour l'usage interne,* n'en désirant pas pour l'usage *externe.*

Il vaut mieux mettre : « Chlore concentré pour l'usage interne »; cela évitera toute espèce de difficulté avec la douane, parce qu'il faut que les remèdes secrets soient analysés par le conseil de santé; cela demande du temps et de l'argent.

Veuillez, je vous prie, Monsieur, avec mes sentiments de la considération la plus distinguée, agréer l'expression de mon respect et de mon dévoûment.

Votre très-humble serviteur,
A. LALUNG DE FÉROL.

Vu : A. AUBRY.　　　　　　　　　Consul de France.

Il est aujourd'hui avéré que le *Chlore Hellard* est la meilleure préparation aniseptique qui puisse s'appliquer dans la généralité des soins hygiéniques et morbides.

Par sa spécialité anti-putride, il a déjà donné les meilleurs résultats dans certaines affections internes et externes, et comme adjuvant surtout, il doit être préconisé dans les maladies syphilitiques et les fièvres typhoïdes.

Quand le *Chlore Hellard* sera mieux étudié et plus généralisé, il sera certainement mis au rang des remèdes utiles et indispensables.

Havre, 7 Décembre 1860.

E. FALIZE, D[r].

Je soussigné, capitaine au long-cours, certifie m'être servi du *Chlore* de M. Germain Hellard, dans ma dernière traversée de Saint-Pierre (Martinique) au Havre, sur une dame passagère atteinte d'une forte fièvre vermineuse. Je lui ai fait prendre une cuillerée à café, à plusieurs reprises. La fièvre a immédiatement disparu. Cette dame a rendu par la bouche plusieurs vers de six à sept pouces de longueur et une grande quantité de petits morceaux de ces mêmes vers tout sanguinolents.

Enfin, elle s'est trouvée en meilleure santé et a repris à manger comme à son ordinaire.

En foi de quoi, je délivre le présent certificat à M. Hellard pour lui servir au besoin.

Havre, le 15 Mars 1861.

Le capitaine du Méridien,

F. BOURISE.

Vu par le commissaire de l'Inscription maritime,

Havre, le 25 Mars 1861.

BELIN.

Extrait du rapport de mer du capitaine Villemartin, commandant
le brick Jumelles, publié par les journaux du Havre :

« J'ai séjourné trois mois et demi sur la rade de Bahia, où la fièvre sévissait avec force. Grace au Chlore Hellard j'ai sauvé tous mes hommes et moi-même, en suivant exactement les instructions du chimiste. Ce chlore est un bienfait indispensable à notre marine dans les localités fiévreuses. Que d'hommes lui doivent la vie ! Depuis cinq années que j'en fais l'emploi, je n'ai perdu aucun homme, tant à la Côte-d'Afrique qu'aux Antilles et au Brésil. Nous avons tous eu, à Bahia, le *vomito negro*, mais je me suis sauvé et j'ai sauvé mes hommes, sans avoir recours ni à l'hôpital ni aux docteurs. Le malade est toujours guéri avant la décomposition du sang, qui n'a lieu, d'après mon expérience, que le troisième jour. Cette maladie terrible et cruelle n'est plus rien lorsque l'on fait usage du chlore dès le début de la fièvre, qui commence par des malaises intermittents et devient bientôt pernicieuse. »

RÉFLEXIONS.

Il y a trois ans que la première partie de cet opuscule, reproduite jusqu'à la page 18, a été écrite et publiée, et, depuis cette époque, toutes les présomptions favorables qui signalaient déjà mes découvertes à l'attention des hommes de bonne foi, sont devenues d'incontestables réalités. Cette confirmation est pour moi une satisfaction bien plus de conscience que d'amour-propre, car tous mes travaux tendent à un but essentiellement humanitaire, c'est-à-dire à diminuer les souffrances et à prolonger l'existence de mes semblables. Qui sait, au moment où j'écris ces lignes, combien d'hommes dans les divers pays du globe où mes produits ont été répandus, leur ont dû la conservation de la vie. Je m'abstiens de toute supposition à cet égard ; mais, si j'en juge par les remercîments qui me sont adressés, le nombre doit en être grand.

Pourrait-on me taxer de charlatanisme, si je dis que les résultats constatés sont merveilleux, lorsque j'invoquerai à l'appui de cette épithète les constatations de deux médecins qui, sous des latitudes différentes, ont sauvé 335 malades attaqués du vomito-negro sur 345 qu'ils ont soigné. Et, maintenant, je n'hésite pas à le demander, le fléau terrible du choléra ne saurait-il être conjuré ? Ce problème, qui est une question de vie ou de mort pour un si grand nombre d'humains, mérite, sous tous les rapports, l'étude consciencieuse et approfondie de la haute faculté médicale.

Et pourquoi, en effet, les médecins français ne la jugeraient-ils pas dignes d'eux, lorsqu'à l'étranger, à New-York, où, certes on ne se pique pas d'un enthousiasme exagéré pour les inventeurs des autres pays, les hommes de science se sont émus et se sont dit mettons-nous à l'œuvre, examinons ces découvertes, analysons ces produits qui nous sont présentés, et, si leur inventeur a droit à notre approbation, nous la lui accorderons sincèrement ; de même que, si nous n'y voyons que du charlatanisme, nous le dévoilerons sans scrupules. Le docteur Hiarbec, éminent chimiste qui a étudié les chlores et les préparations chlorurées pendant 8 années, a fait un rapport à ce sujet, qui a été publié, et dans lequel il dit, à propos de mon Chlore concentré et de mon Composé chloruré aux matières végétales : « Quant à moi, je m'incline devant la supériorité de ces préparations ; les combinaisons en sont si parfaites, les quantités si bien dosées, si intimement unies, que je ne puis que rendre hommage à ces produits, et je défie qu'un seul chimiste au monde puisse expliquer qu'une bouteille du Chlore Hellard ayant été débouchée pendant un mois et plus, on retrouve encore, en en versant le contenu dans un vase, le Chlore gazeux en grande quantité. Comme désinfectant immédiat, il devrait être employé exclusivement dans la marine et dans les hôpitaux. J'ajouterai que l'analyse m'a démontré qu'il ne contient aucun corps corrosif et malfaisant. »

Lorsqu'un vieillard , touchant aux limites de la vie et animé de convictions sincères, a consacré 40 années à l'étude de diverses sciences, ne doit-il pas, en raison de son âge, désirer voir l'humanité mettre à profit le résultat de ses longs travaux ? Sa conscience ne lui crie-t-elle pas : mais parle, parle donc ; car, si tes prétendus moyens étaient de simples aberrations du cerveau, oserais-tu réclamer les investigations des hommes les plus compétents et les plus profonds.

Certes, je serais bien à plaindre, si, après avoir tant travaillé à élargir mon intelligence dans des vues d'humanité, de raison et de sagesse, j'avais fait fausse route et j'avais perdu cette raison à laquelle j'attache une si grande importance, m'inspirant en cela des principes du grand Franklin, dont je m'honore d'être le disciple.

Qu'il me soit donc permis, en terminant et en remerciant la Providence qui a daigné m'inspirer, de dire hautement une fois encore que ce n'est pas la perspective des honneurs et des richesses qui est mon mobile : je m'estimerai assez heureux et assez récompensé en étant utile et en faisant du bien à mes semblables. Finir ma carrière avec cette douce certitude et en bon chrétien, tel est le but de mes désirs.

G. HELLARD,

Chimiste à Montivilliers.

Havre. — Imp. Roquencourt, Grande-Rue, 36.